LES DELAMONCE

MÉMOIRE

LU A LA RÉUNION DES SOCIÉTÉS DES BEAUX-ARTS

DU 7 JUIN 1892

PAR

E. L. G. CHARVET

PARIS

TYPOGRAPHIE DE E. PLON, NOURRIT ET Cie

RUE GARANCIÈRE, 8

1892

ÉGLISE DE SAINT-JUST, A LYON

LES DELAMONCE

MÉMOIRE

LU A LA RÉUNION DES SOCIÉTÉS DES BEAUX-ARTS

DU 7 JUIN 1892

PAR

E. L. G. CHARVET

PARIS

TYPOGRAPHIE DE E. PLON, NOURRIT ET Cie

RUE GARANCIÈRE, 8

—

1892

LES DELAMONCE

Je n'entends pas donner des biographies détaillées sur ces artistes; mon intention est seulement de fournir sur leur compte une série de faits inédits et de signaler les confusions dans lesquelles on est tombé à leur sujet.

Il y a longtemps que des contradictions et des lacunes m'étaient apparues; toutefois, le principal biographe, un de mes anciens confrères en architecture, était un homme d'une nature si loyale, si sympathique et, en même temps, si convaincue, que je craignais de lui causer un vif chagrin en démontrant qu'il avait réédité, sans contrôle, le biographe des *Lyonnais dignes de mémoire, Pernetti,* dont les erreurs étaient d'autant plus inexplicables qu'il avait connu le *Delamonce* son contemporain. Les biographes subséquents ont été ainsi conduits à placer les œuvres de, peut-être, quatre artistes sur la tête d'un seul. Alors, j'estimais qu'il était plus convenable de me taire; mon confrère étant mort il y a trois ans, je crois que l'heure est venue de soumettre aux curieux de l'histoire de l'art français les notes qui vont suivre, lesquelles pourront dégager un peu ce qui appartient à chacun.

*
* *

J'ai trouvé trois et peut-être quatre *Delamonce :* deux architectes et peintres à la fois, tous dessinateurs.

JEAN DELAMONCE, architecte et peintre, est né en 1635, étant mort à Lyon le 14 août 1708, âgé de soixante-treize ans, dit son acte de décès, en la paroisse de Saint-Pierre et Saint-Saturnin; il demeurait rue du Puits-Gaillot; son fils *Ferdinand*, architecte et peintre, assista à ses funérailles et signa au registre.

Des biographes ont donné un *Delamonce* avec le prénom de *Paul;* je n'ai rencontré ce prénom dans aucun document original. Comme l'on a d'un *Delamonce*, en 1642, le dessin d'une *Vue de Toulouse*, gravée par *Mariette*, qui ne saurait être attribué à *Jean*, il se pourrait qu'il y ait eu un parent ou un ascendant du prénom de *Paul*.

Jean se maria à Munich, le 11 novembre 1675, avec JEANNE PASQUIER, native de La Chambre en Savoie, et l'acte porte : *Jean Delamonce, de Paris, peintre*. (Lettres testimoniales de la paroisse métropolitaine de Munich.)

De *Jeanne Pasquier*, il eut, à Munich, le 28 et non le 23 juin 1678, un fils, nommé *Ferdinand-Pierre-Joseph-Ignace*, dont l'Électeur de Bavière *Ferdinand-Marie* fut le parrain, ainsi qu'il résulte du livre des baptêmes de la paroisse de Saint-Pierre de Munich.

Le biographe *Pernetti* a dit (1757) que la famille *Delamonce* était originaire de Bourgogne, et que ses parents occupaient des places honorables dans la Cour des comptes de Dijon; les recherches auxquelles se sont livrés pour moi à cet égard MM. les archivistes de Dijon, et de Besançon pour Dôle, sur les listes des officiers de ces chambres des comptes, n'ont rien fourni de semblable; on verra plus loin d'où paraît provenir la fausse indication de *Pernetti;* du reste, on a vu plus haut que Jean était Parisien.

Jean Delamonce se trouvait à Chambéry vers 1665, faisant les peintures allégoriques de l'alcôve et du lit nuptial préparés pour le mariage du duc de Savoie, *Charles-Emmanuel I*[er], avec *Madeleine-Françoise de Valois*, fille de *Gaston de France, duc d'Orléans*, sous la direction du célèbre Père Jésuite *Cl. F. Ménestrier*.

Il avait déjà exécuté en 1662, pour un ouvrage du même religieux publié à Lyon : *La description des cérémonies faites à Chambéry pour la béatification de saint François de Sales*, un dessin gravé par *Audran* (probablement *Benoît*). On a un portrait du même saint, gravé par *Daudet*, dessiné par *Jean Delamonce*, qui appartient à cette époque.

Il dessina et grava, en 1666, trois planches représentant la *Décoration de l'église de la Visitation de Sainte-Marie*, à Annecy; le dessin est un peu lâché, et les personnages sont d'une facture fort ordinaire. Enfin il donna vers 1668 le dessin du portrait de la Mère *Louise-Blanche-Thérèse de Ballon* (fondatrice et première supérieure des Bernardines réformées en France et en Savoie), gravé par *Benoît Audran,* dont le dessin est ordinaire, et, la même année, ceux des portraits de *Charles-Emmanuel II,* duc de Savoie, de *Marie-Jeanne-Baptiste* de Savoie et du *Prince de Piémont,* gravés par *Germain Audran.*

Comment *Jean Delamonce* fut-il conduit à quitter la Savoie pour se rendre à Munich ?

Cela apparaît tout naturel si on réfléchit que son talent avait pu être apprécié à la Cour de Savoie par la sœur de *Charles-Emmanuel, Henriette-Marie-Adélaïde,* laquelle avait épousé, le 22 juin 1652, *Ferdinand-Marie,* Électeur de Bavière. Il se peut aussi que cette princesse ait même emmené avec elle dans sa suite, à Munich, *Jeanne Pasquier,* qui était Savoyarde; c'est ainsi que s'expliquerait le mariage dont il a été question.

Jean Delamonce est porté dans les documents de la trésorerie électorale, de 1672 à 1684, comme peintre de la Cour, à raison de 250 florins (540 fr.) par an; en outre, il prenait part au diner de la Cour, y avait son logement, son service et ses entrées libres; ces honoraires furent augmentés plus tard de 20 florins. Il exécuta les peintures du château Royal qui ont été détruites depuis par un incendie. Il fit, en 1675, le portrait d'*Henriette-Marie-Adélaïde,* qui a été gravé par *Charles-Gustave d'Amling* ou *d'Ambling* (1651-1702).

Je ne sais où *Pernetti* s'est assuré que l'Électeur de Bavière *avait comblé* de présents, à leur départ, le père et le fils (qui n'était âgé que de six ans), et qu'il ne leur accorda qu'avec peine la permission de revenir en France. C'est peut-être *Delamonce* le fils qui, se l'étant persuadé à lui-même, le lui aura raconté. La vérité est qu'*Henriette-Marie-Adélaïde,* celle qui avait dû attirer l'artiste en Bavière, était morte le 18 mars 1676, et *Ferdinand-Marie* le 26 mai 1679! Au contraire, ses protecteurs ayant disparu, et suivant les documents officiels, il fut, hélas! purement et simplement congédié en 1684.

Venu à Lyon, il y fournit, en 1693, le dessin de la thèse de mathémathiques de *J.-B. Thioly* et *Pierre Taillandier,* gravée par *Benoît Ier Audran,* pièce des plus intéressantes, et, en 1694, encore au Père Ménestrier, pour son *Histoire consulaire de la ville de Lyon*, les dessins de la *conserve d'eau des Romains à Saint-Just*, des *colonnes antiques de l'église d'Ainay*, de diverses médailles, enfin d'un *chapiteau antique* (édition de 1696). Il a également dessiné, environ à cette date, le portrait gravé par *Bouchet*, de *Jean d'Aranthon d'Alex*, évêque et prince de Genève, c'est-à-dire, évêque d'Annecy. Toutes ces pièces portent qu'elles ont été dessinées par *Jean Delamonce*.

Il se livra à l'architecture, et voici les travaux qu'il a fait exécuter à Lyon, lesquels ses biographes ont à tort attribués à son fils *Ferdinand*, bien que les documents précis démontrent le contraire.

En 1699 d'abord, la *chaire de l'église du collège de la Trinité*;[1] cette chaire (qui n'existe plus, ou dont celle actuelle n'est qu'un débris, ayant été probablement enlevée lors de la réunion de la Consulta de la République Cisalpine en 1802) était en marbre et bronze doré et considérée comme un chef-d'œuvre; on l'inaugura le jour de Pâques 1700. Il disposa, en même temps, la *tribune* en

demi-cercle vers l'entrée en profilant la même ordonnance ionique, sauf les piédestaux, que celle qui avait été employée dans les tribunes latérales par *Thomas Blanchet*.

On lui confia ensuite, en 1700, le soin de faire les dessins de la *façade de la nouvelle église de Saint-Just;* cette façade, qui existe encore, est une œuvre non sans mérite, laquelle cependant ne vaut pas l'*entrée du Grand Hôtel-Dieu* de la même ville, du même architecte, laquelle est des plus réussies. La première pierre en fut posée en 1706; on en conserve, à la Bibliothèque nationale, un dessin, excessivement remarquable, signé : *Delamonce* et daté : 1706.

L'architecture de *Jean Delamonce* est sobre et se rattache au

______

[1] Reçu du 5 mars 1699, de 50 livres, pour la chaire de l'église du collège de la Trinité.

ENTRÉE DU GRAND HOTEL-DIEU DE LYON

caractère du dix-septième siècle ; elle se distingue ainsi complètement de celle de son fils *Ferdinand*, qui est trop remplie des rocailles du milieu du dix-huitième siècle [1].

Faut-il lui rapporter, suivant *Nagler*, les dessins de deux gravures d'*Ambler* (ou *Ambling*) : 1° *Une religieuse sur les nuages* (SUB AUSPICIIS B. MARGARITÆ SABAUDIÆ) ; 2° *Un évêque disant la messe* (SICUT INCENSUM IN CONSPECTU) ? Je n'en sais rien, n'ayant pas trouvé encore d'œuvre de ce graveur (dont le nom est peut-être estropié), même aux estampes de la Bibliothèque nationale.

Jean Delamonce est mort, comme je l'ai dit, le 14 août 1708.

*
* *

On a vu que le fils de *Jean Delamonce* avait reçu le 28 juin 1678, à Munich, les prénoms de : FERDINAND-PIERRE-JOSEPH-IGNACE ; dans son acte de décès on lui donne ceux de : *Ferdinand-Sigismond-Ignace-Joseph ;* ce prénom de *Sigismond,* substitué à celui de *Pierre,* serait pour embarrasser, si je ne trouvais déjà qu'en 1710, *Ferdinand,* étant à Paris et donnant les dessins d'après l'*église des Invalides* gravés par *G. Scotin* en 1711, signait : *F. S. Delamonce.* Ces changements s'effectuent parfois dans les familles par simple convenance. Dans tous les cas, cette circonstance nous indique que, conformément à ce qu'a dit Pernetti, aussitôt après la mort de son père il se rendit d'abord à Paris.

Je ne trouve à Lyon, avant 1708, de traces de ses travaux que deux *dessins de chapiteaux,* signés : *Ferdinand Delamonce,* pour l'édition de 1696 de l'*Histoire de Lyon* par le Père *Ménestrier,* et deux autres, de 1701, représentant le *Monument antique* dit *des deux amants* et des *Aqueducs de Saint-Irénée,* gravés par *J. F. Cars,* pour les *Antiquités profanes et sacrées de la ville de Lyon* par le Père *de Colonia.* Il avait alors seize et vingt-trois ans.

De Paris, *Ferdinand* se rendit en Italie, y séjourna, puis rentra en France par Marseille, Aix, Avignon et Grenoble en

---

[1] Voir ci-contre, planche II.

1729, où il se maria, le 6 août 1731, avec MARIE NAY, fille de *François Nay*, marchand, et de *Françoise Faure,* qui était veuve de *Michel Farinelly de Cambert,* contrôleur des payeurs-des gages de Messieurs du Parlement. Elle lui survécut, car les recteurs de l'hôpital général de la Charité lui accordèrent, en avril 1754, 3 livres par mois de pension; « son mari décédé », est-il dit, « jouissait déjà d'une aumône secrète de 5 livres par mois ». On voit que la condition du ménage n'était guère prospère.

De ce que la femme de Ferdinand était veuve en premières noces d'un officier du parlement de Grenoble, vient probablement cette histoire que des *parents* de la famille occupaient des places honorables dans un corps de ce genre.

Il semble avoir eu un fils, puisque je trouve dans les archives de la Charité, à une date qui n'est pas fournie, que l'on paya 72 livres à *Ferdinand* pour honoraires de dessins que son fils avait faits sur les originaux, pour le grenier au sel vers Ainay. Est-ce lui que l'on nomme *Ferdinand Rémond,* dont j'aurai à m'occuper plus loin? Je n'en sais rien. Toutefois, ou bien il se trouvait absent, ou bien il pouvait être mort; et dans ce dernier cas, un Ferdinand Rémond, habitant Paris, ne serait qu'un parent.

Si mes recherches sur les ouvrages qu'aurait exécutés *Ferdinand* en Italie, à Aix, Avignon et à Grenoble n'ont abouti que dans une faible mesure, elles pourront aboutir, je l'espère, plus tard par les soins de personnes mieux que moi en mesure de le faire, sous les yeux desquelles ce travail pourra tomber.

Il me faut donc rentrer avec l'artiste en 1731 à Lyon. Notons bien qu'à cette date il était déjà âgé de cinquante ans et avait, ce me semble, beaucoup voyagé et peu produit, puisque c'est à son père qu'il faut rapporter incontestablement quantité des œuvres qui lui avaient été attribuées, ainsi que l'on vient de le constater.

Pour l'*église de la Chartreuse de Lyon* on n'a que l'embarras du choix parmi les architectes : *Ferdinand Delamonce, Servandoni* et *Soufflot,* puisque, dans les biographies, on la porte à l'actif de ces trois artistes. J'ai essayé de démêler la vérité, et voici ce que j'ai trouvé.

Un premier projet d'achèvement de cette église, laquelle avait été mal commencée et dont on n'était pas satisfait, fut demandé à *Ferdinand Delamonce* en 1733; ce projet fut suivi d'un second, qui nous a été conservé, présentant des dispositions différentes, lequel fut accepté en 1736. Si on compare ces dessins revêtus de l'approbation, avec ce qui existe, on constate qu'il y a concordance à peu près absolue. Donc la partie centrale et le dôme de cette église sont bien de *Ferdinand Delamonce* et, du reste, constituent le meilleur de ses ouvrages.

Mais la question de l'autel et de son baldaquin ne laisse pas de paraître assez obscure.

D'abord le plan de cet autel, avec son baldaquin, est marqué dans le plan de Delamonce de 1736; je trouve même que les quatre colonnes qui y figurent étaient commandées dès 1733 et même livrées en 1735.

En second lieu, *Servandoni* fit un dessin du baldaquin pour cette église, lequel je n'ai pas rencontré, et qui lui fut payé 300 livres le 19 décembre 1738.

En troisième lieu, *Soufflot,* apparaît-il, donna en 1743 des instructions pour élever le baldaquin.

Enfin, en quatrième lieu, *J.-F. Blondel,* dans son *Architecture françoise,* explique qu'il avait attribué à tort le grand baldaquin de l'église de la Chartreuse de Lyon à *Servandoni*; « cet artiste », ajoute-t-il avec exactitude, « en avait fait un dessin ; il ne fut pas « exécuté; ce baldaquin est du dessin de *Soufflot* ».

En conséquence, les colonnes commandées par *Delamonce* et même livrées en 1735 n'ayant pu être posées, parce que la partie de l'église où le baldaquin devait s'élever n'était pas encore terminée, et le dessin demandé à *Servandoni* pour les utiliser n'ayant pas été approuvé, ce serait, à mon avis, *Soufflot* qui aurait ainsi mis tout le monde d'accord en 1743.

Je noterai en passant que *Servandoni* est né, non à Lyon, mais à Florence, le 2 mai 1695. Que son père fût un voiturier lyonnais qui conduisait les voyageurs de Lyon à Florence, c'est très probable; ce qui est certain d'après les registres de baptêmes de la célèbre cathédrale de Florence, Sainte-Marie des Fleurs, c'est qu'il y fut baptisé à cette date. Son père y est nommé : *Jean-Louis* dit *Claude Servandó,* et sa mère : *Marie* dite *Jeanne-Baptiste Ottaviani. Servandoni* eut donc toutes sortes de raisons pour se donner, comme il le faisait, pour Florentin et pour italianiser son nom; car il se nommait probablement *Servan* tout court.

Suivant l'ordre chronologique, je trouve *Ferdinand Delamonce* donnant le dessin d'un reposoir au Change aux frais des négociants, le 27 juin 1734, puis s'occupant, la même année, de l'embellissement de l'*église du collège de la Trinité* (où avait déjà travaillé son père), à la fois comme architecte et comme peintre. Comme architecte, il fit exécuter les revêtements en marbre et le maître-autel ; comme peintre, il restaura, ou refit, les peintures de la voûte et exécuta le tableau représentant l'*Apothéose de saint François Régis*. Ces ouvrages, qui existent encore, dénotent un artiste d'un ordre secondaire.

Ayant conservé la confiance que les recteurs de l'Hôpital Général avaient donnée à son père, il fut employé par eux et donna les plans du *quai,* devant cet établissement, *depuis le pont de la Guillotière jusqu'à la rue Blancherie* (1736 à 1738), reconstruit depuis, et fit, paraît-il, des projets soit pour le pont de la Guillotière, soit pour le grand bâtiment sur le quai, lequel, on le sait, fut exécuté sous la direction de *Soufflot* (1736) ; je n'ai aucune donnée sur ce qu'étaient ces dessins. La *maison Tolosan* (1740) et *celle du passage entre la rue Longue et la place du Plâtre* seraient aussi de sa composition ; toutefois il se pourrait, pour la maison Tolosan, comme il est certain pour la façade du nouveau bâtiment de l'Hôpital Général sur le quai, que *Soufflot* fût le véritable architecte, et que *Ferdinand Delamonce* n'ait été que son collaborateur ou son employé.

Il existe encore à Lyon un autre ouvrage de *Ferdinand* : la *décoration du chœur et l'autel de l'ancienne chapelle de Fourvières ;* cette œuvre est du genre rocaille le plus caractérisé.

Ferdinand D. a signé comme dessinateur et avec son prénom les gravures suivantes :

---

[1] Reçu du 10 novembre 1737 du reste des peintures de l'église du collège de la Trinité.

1696. *Chapiteau à l'église de Saint-Just de Lyon* (sans nom de
graveur).

» *Chapiteau à la tribune de l'église de Saint-Étienne de
Lyon* (sans nom de graveur).

1701. *Monuments des deux amants,* à Lyon (*J.-F. Cars*).

» *Vue des aquedues de Saint-Irénée,* à Lyon (*J.-F. Cars*).

1710. *Vue de l'église des Invalides,* à Paris (*G. Scotin,* 1711).

» *Coupe et intérieur* — — (*G. Scotin,* 1711).

1731. *Portrait de J. Caulet,* évèque de Grenoble (*Jacques
Cundier,* d'Aix).

1733. *Frontispice* pour la *Dévotion au Sacré-Cœur de Jésus,* par
le P. de Galiffet (? Daudet).

1734. *Jubilé de 1734* (*Daudet*).

1735. *Vignettes* pour le plan de Lyon par Seraucourt (si ce plan
n'a pas été publié plus tôt; car, dans ce cas, elles
seraient de Jean).

On peut lui attribuer aussi :

Élévation perspective de l'église des Invalides (? Scotin?).

Vue de l'intérieur du chœur de la cathédrale de Lyon (*Daudet*).

Junon demandant la ceinture de Vénus (*Jean Chaufourier*).

Hector traisné par Achille (*Gérard Edelinck*).

Ces deux dernières pièces m'ont été indiquées de Munich comme
étant du dessin de *Ferdinand;* il y a là peut-être aussi confusion.

Les dessins des faux titres et vignettes de l'*édition de 1765 de
Louise Labé* à Lyon, gravés par *Daullé,* furent, paraît-il, préparés
quelques années auparavant par *Ferdinand;* mais ils exigèrent
des retouches qui furent exécutées par *Donat Nonnotte,* lequel,
du reste, a signé comme dessinateur.

Il appartint à l'Académie des Beaux-Arts de Lyon, qu'il ne
faut pas confondre avec l'Académie royale de la même ville, dès
1736, et il a laissé de nombreuses notices manuscrites, lesquelles
sont rédigées sans véritable esprit de critique et avec cette archéo-
logie absolument superficielle qui caractérise son époque.

En voici la liste, sauf erreurs ou omissions :

6 juin 1736. Discours de réception prononcé à l'Académie des
Beaux-Arts.

9 août 1736. Prééminence de la peinture sur la sculpture.

9 mars 1740. Voyage à Naples.

15 mars 1741. De la peinture, et en particulier sur l'expression et le clair obscur.

12 mars 1744. De l'utilité des arts libéraux.

3 mars 1745. Extrait d'une description nouvelle de Rome.

2 mars 1746. De l'estime particulière que méritent les Beaux-Arts.

8 mars 1747. Observations critiques sur trois églises modernes de Lyon, scavoir celles des Carmélites, de l'Oratoire et de Saint-Antoine.

14 février 1748. Des édifices publics pour les spectacles des anciens, avec quelques réflexions sur les mêmes spectacles.

12 mars 1749. Observations critiques sur cinq églises de Lyon, scavoir celles des Carmélites, de Saint-Antoine, de l'Oratoire, de la Charité et de l'Hôtel-Dieu.

4 mars 1750. De la gravure.

17 mars 1751. Dissertation sur le rang des ouvrages anciens relativement aux modernes tant pour la peinture, la sculpture que pour l'architecture.

8 mars 1752. Époques auxquelles on peut fixer les points de perfection des arts libéraux d'architecture, de peinture et de sculpture anciennes et modernes.

9 mars 1753. Lettres et remarques touchant le nouveau livre de M. d'Argens intitulé : *Réflexions critiques sur les différentes écoles de peinture.*

Sans date. L'essence ou l'esprit de la peinture, nouveau traité qui expose les principes, dans un plus grand, pour en faciliter aisément la vraie intelligence.

Sans date. Description de quelques édifices anciens comparés à des églises modernes des plus apparentes.

Il existe également deux mémoires, sans date, dans le Recueil des manuscrits de l'Académie de Lyon, qui ne sont pas de l'écriture de Delamonce. Mais, sur la dernière page, on lit ces mots ajoutés d'une autre main : « Les présents mémoires ont été faits par M. Delamonce. »

Explication d'une inscription tumulaire.

Antiquités et curiosités de la ville de Lyon.

Il mourut d'hydropisie à Lyon, le 30 septembre 1753, et fut inhumé dans le cimetière de la paroisse de Saint-Martin d'Ainay, le lendemain.

Selon Pernetti, cet artiste était de petite taille; ses yeux annonçaient sa vivacité; il avait le nez aquilin; on lisait sur sa physionomie son esprit, la douceur de ses mœurs et sa gaieté naturelle.

Ce portrait doit être exact; mais j'hésite à partager l'opinion du biographe sur le rang, à mon avis, trop distingué, qu'il décerne à son mérite. Car, après avoir déblayé de son œuvre tous les ouvrages qu'on lui a attribués à tort, il ne reste rien que de très ordinaire.

Voici, d'après les anciennes descriptions de Lyon, une liste d'ouvrages dans des édifices de cette ville ayant disparu, attribués au nom tout court de Delamonce, sans qu'il me soit possible pour le moment de distinguer lesquels sont de *Jean* le père ou de son fils *Ferdinand* :

Le jubé de l'église de Saint-Just; le dessin du retable de la chapelle des religieuses du Verbe Incarné; le tableau de l'Invention de Sainte Croix et le dessin des sculptures et de la menuiserie du sanctuaire à l'église de Sainte-Croix; le dessin des figures du tabernacle de la chapelle de Sainte-Marie de Bellecour; le dessin des sculptures de la chapelle des Pénitents de Comfalon; le dessin et le tableau du petit autel du Sacré-Cœur de Jésus dans la nef de l'église de Saint-Joseph des Jésuites; enfin *le dessin et les modèles d'une chapelle à l'église de Saint-Nizier.*

On voit ainsi que je laisse encore du travail aux biographes futurs.

*
* *

Tant que j'ai trouvé sur les pièces elles-mêmes l'indication qu'elles avaient été dessinées par *Jean* ou par *Ferdinand,* ou lorsque les circonstances pouvaient lever un doute, je n'ai éprouvé aucune difficulté.

Toutefois il en existe encore un certain nombre d'autres signées

Delamonce tout court, que j'ai vues ou qui ont été signalées par les catalogues de graveurs.

Elles pourraient être l'œuvre d'un quatrième artiste dont le prénom était *Rémond* et qui habitait Paris.

G.-K. Nagler, dans son *Dictionnaire universel des artistes,* et autres ont constamment mélangé ses œuvres avec celles de *Jean* et de *Ferdinand.*

Il ne me reste donc plus qu'à signaler ces œuvres, en les accompagnant de mes observations.

1. — *Louis XV tenant son premier lit de justice,* gravé par *Poilly;* signalé par Nagler. Ce lit de justice a eu lieu le 12 septembre 1715; *Jean* était mort en 1708, et *Ferdinand* se trouvait en Italie à cette date.

2. — Six planches : *Autel et chœur de Notre-Dame de Paris; la Samaritaine; Tombeau de Charles de Créqui; Vue du château de Meudon; Vue du château de Saint-Cloud; Vue du château de Fontainebleau,* gravés par *Hérisset* et *I. B. Scotin* dans la *Description de Paris, Versailles, Marly, Saint-Cloud, Meudon et Fontainebleau* par *Piganiol de la Force,* 1742. Il est peu probable que *Ferdinand* ait pu dessiner ces vues à Lyon, où il se trouvait à cette date.

3. — Les vignettes de l'*Essai sur l'homme,* de Pope (traduction française, Genève et Lausanne, 1745), ont été dessinées par un *Delamonce* et gravées par *Soubeyran* et *Galimard.* Malgré l'affirmation positive de *Pernetti,* je crois que ces compositions, d'une manière leste et gracieuse, sont bien au-dessus du talent de *Ferdinand,* qui avait soixante-sept ans à cette date et était accablé d'infirmités.

4. — Planches et vignettes dans les *Essais sur l'histoire des sciences, des belles-lettres et arts* (4 tomes in-8°, 1757. Lyon, Duplain). A cette date, *Ferdinand* était mort.

5. — Vignette pour *La Peinture,* poème couronné aux jeux Floraux (Lyon et Paris, 1767); même observation que pour le numéro 4.

6. — *Plan de Lyon,* ancienne colonie romaine (à Paris, chez le sieur Desnos, 1767), dessiné sur les lieux par le sieur *Delamonce,* gravé par *Inselin.* Même observation que pour les numéros 4 et 5.

7. — *Vues des palais et jardins du Roy* d'après les dessins de *Girard* et *Delamonce;* signalé par Nagler; c'est peut-être la répétition du numéro 2.

8. — *Allégories religieuses* gravées par *Galimard;* signalé par Nagler.

9. — *L'ange expliquant à Ézéchiel les dimensions du temple,* gravé par (?) *Audran;* signalé par Nagler.

10. — *Les Quatre Saisons,* cartouches de plafond gravés par *J. C. Gulwein,* signalé par Nagler.

11. — *Mariette* a indiqué dans son *Abecedario,* à l'article *Raymond de la Fage,* une *Bataille* datée de Paris 1709 que *Ferdinand Delamonce,* né, dit-il, à Munich, d'un père qui était de Lyon et qui exerçait la peinture, aurait gravée. Je crains fort que Mariette ait, là aussi, commis quelque confusion; toutefois, comme *Ferdinand* pouvait être à Paris en 1709, j'en infère qu'il y aurait été attiré (après la mort de son père *Jean* en 1708, lequel était Parisien) par ce parent qui portait le prénom de *Rémond* et était en même temps dessinateur. Ferdinand aurait, à ce moment, travaillé avec lui.

*
* *

J'ai fini; heureux je serai, si j'ai apporté quelque clarté dans toutes les confusions qu'on a pu remarquer, et si un autre, plus tard (ainsi qu'il m'est déjà arrivé depuis que j'ai écrit sur les artistes), vient compléter cette notice par quelques découvertes nouvelles.

Paris, le 1er février 1892.

PARIS. — TYPOGRAPHIE DE E. PLON, NOURRIT ET Cie, RUE GARANCIÈRE, 8.

PARIS

TYPOGRAPHIE DE E. PLON, NOURRIT ET Cie

Rue Garancière, 8.